LES
NOUVEAUX SAINTS.

Gloria in excelsis Deo !

CINQUIEME EDITION,

Augmentée d'Observations sur le Projet d'un nouveau Dictionnaire de la Langue française, et sur le Dictionnaire de l'Académie.

A PARIS,

Chez DABIN, libraire, au bas de l'escalier de la Bibliotheque, Palais du Tribunat.

AN IX. (1801.)

PRÉFACE

DE LA CINQUIEME ÉDITION.

Plusieurs personnes semblent me reprocher d'avoir écrit cet opuscule comme quelques uns ont écrit leurs odes et leurs dythirambes, *sermone pedestri*. La satire peut s'élever sans doute en proportion du sujet qu'elle traite; mais, quand elle fait parler des personnages comiques, il est simple et convenable qu'elle emploie le style de la comédie.

Les maçons qui voudraient rebâtir le temple de Jérusalem sont évidemment de ce nombre; il est pourtant vraisemblable qu'ils ne trouveront pas le mot pour rire en tout ceci. Mais du moins est-il constaté que le public rit volontiers à leurs dépens : ce qu'il fallait et ce qu'il faut encore démontrer.

Une guerre terrible s'alluma, vers le commencement du dernier siecle, entre la foi qui ne raisonne pas et la philosophie qui croit peu. Parmi les successeurs des peres de l'église florissaient, comme on dit, l'abbé Desfontaines, l'abbé Trublet, l'abbé Hayet, l'abbé Patouillet, l'abbé Guyon, l'abbé Nonotte, l'abbé Fantin, l'abbé Sabathier, l'abbé Dinouart, l'abbé Lacoste, et beaucoup d'autres abbés, diacres, sous-diacres, archidiacres, sacristains, marguilliers, bedaux, porte-dieu, les flambeaux de leur siecle, d'ailleurs vivant tous de *la boîte à Perrette*, et par conséquent fort désintéressés sur la question. Du côté des philosophes on ne compte, il est vrai, que Bayle, Fontenelle, Voltaire, Montesquieu, Fréret, Buffon, J. J. Rousseau, Helvétius, d'Alembert, Diderot, Condorcet, Raynal. Les deux armées ne sont pas d'égale force, on le sent bien. La seconde renferme peut-être un peu plus de talents; mais la premiere a beaucoup plus de foi sans contredit. A l'époque actuelle cependant la foi est peu communicative, et les miracles sont fort rares. D'où l'on peut conclure que la cause de la philosophie n'est pas encore désespérée.

Un journaliste très orthodoxe, mais qui n'est pas crédule en tout, n'a voulu croire qu'à une seule édition de cet édifiant ouvrage: la troisieme venait de paraître au moment où il écrivait. Il est donc impossible d'être de son avis, par la raison qu'un et deux font trois : c'est, du moins jusqu'à présent, une vérité mathématique. L'opinion contraire, quoique soutenue par des gens très habiles, de la force du journaliste, n'est, comme on sait, qu'une vérité théologique.

Un second prétend qu'il n'est pas mort; comme si l'on pouvait s'en rapporter à lui sur un pareil fait. Mais, par une contradiction remarquable, quoique vivant, il menace de ressusciter. Si les paris sont ouverts, je parie contre. Il fixe ce grand évènement à l'époque où je donnerai une tragédie nouvelle qu'il nomme *Don Carlos*. Alors........! on sent tout ce qu'il y a d'esprit, de raison, et de justice à décrier plusieurs mois d'avance un ouvrage dont on ne connaît pas un seul mot. Le folliculaire s'étonne beaucoup d'être gratifié d'une belle auréole. Il ne s'attendait pas à devenir un saint. Un saint! pourquoi pas, citoyen Geoffroi? Vous avez lu la Bible. L'âne de Balaam devint prophete. Pouvait-il raisonnablement s'y attendre? Il est vrai qu'une fois mort, il ne prédit pas sa résurrection.

Le reproche d'athéisme, que m'adressent d'honnêtes gazetiers, exige une réponse un peu plus sérieuse. Les cinq ou six personnages dont il s'agit n'ont rien de commun avec Dieu, et le Dieu des jongleurs n'a rien de commun lui-même avec le Dieu des philosophes. La piece est uniquement dirigée contre une poignée de prêtres ambitieux, avides de trésors et d'empire, contre des Tartuffes plus ou moins intéressés, plus ou moins subalternes, mais qui tous ont déclaré la guerre à la raison humaine. S'il faut les combattre avec courage, s'il faut déclarer franchement qu'une religion dominante est un grand fléau, il est juste de rester en paix avec les tolérants, quelle que soit leur opinion. Les opinions sont le domaine de la conscience; on ne doit ni les interdire ni les commander; encore moins les persécuter ou les payer.

Et in terra pax hominibus bonæ voluntatis.

LES NOUVEAUX SAINTS.

Gloria in excelsis Deo!

Gloire à Dieu dans les hauts! Disons nos patenôtres.
C'est peu qu'un successeur du prince des apôtres,
Dans ses filets vieillis et rompus quelquefois,
Prétende repêcher les peuples et les rois:
Un culte dominant va réjouir la France;
Telle est des nouveaux saints la dévote espérance:
Ils sont nombreux, zélés; ils prêchent des sermons,
Des journaux, des romans, des drames, des chansons.
Nous entendrons encor disputer sur la grace,
Non celle de Parni, de Tibulle, et d'Horace,
Mais celle d'Augustin, la grace des élus,
Qui vaut bien mieux que l'autre, et qui rapportait plus.
Courage, marguilliers; n'entendez-vous pas braire
Les fils, les compagnons de l'âne littéraire?
« Oui, par Martin Fréron, le triomphe est certain,
« Dit Geoffroi; venez tous, héritiers de Martin,
« Et vous sur-tout, Clément, son émule intrépide,
« Philoctete nouveau de ce nouvel Alcide.
« Soyons gais, buvons frais; honneur à tout chrétien!
« Dieu prend soin de sa vigne, et les Débats vont bien.

« La dixme reviendra ; nous en aurons la gloire :
« Vivent les *oremus* et la messe après boire !
« Pour la philosophie, oh ! c'est le temps passé ;
« Grace à Clément et moi, Voltaire est renversé.
« Nous avons longuement disserté sur Alzire,
« Sur Tancrede et Gengis, sur Mérope et Zaïre ;
« On est désabusé de ces méchants écrits,
« Si bien que nos extraits font bâiller tout Paris.
« Rousseau, Buffon, Raynal, vrais fous, prétendus sages,
« Qui du siecle dernier captivaient les hommages,
« Aujourd'hui sans égards vous les voyez traités,
« Réimprimés, vendus, lus, relus, tourmentés ;
« Dans la bibliotheque, aux camps, sur la toilette,
« Par-tout vous les trouvez ; tout passant les achete.
« On ne tourmente pas Guyon, frere Berthier,
« Chaumeix et Patouillet, Nonotte et Sabathier ;
« Ils sont, loin des lecteurs, à l'abri des critiques,
« Gardés avec respect dans le fond des boutiques,
« Ainsi que des trésors, des joyaux précieux,
« Qu'un possesseur jaloux dérobe à tous les yeux. »

De ces grands écrivains imitateurs fideles,
Vous serez conservés auprès de vos modeles.
Croyez, c'est fort bien fait, et propagez la foi ;
Dieu vous gard'. Mais, de grace, ingénieux Geoffroi,
Et vous, léger Clément, pour l'honneur de l'église,
En matiere de foi craignez quelque méprise ;

Tenez, vous croyez vivre ; on s'y trompe souvent:
Vous êtes morts, très morts, et Voltaire est vivant.

 Non loin de ces frélons, nourris dans l'art de nuire,
Et corrompant le miel qu'ils n'ont pas su produire,
J'apperçois le phénix des femmes beaux-esprits.
Son libraire lui seul connaît tous les écrits
Dont madame Honesta daigne enrichir la France.
Vous n'y trouverez point cette heureuse élégance,
Cet esprit délicat, dont les traits ingénus
Brillaient dans Sévigné, Lafayette, et Caylus :
C'est un lourd pédantisme, un ton sévere et triste;
C'est Philaminte encor, mais un peu janséniste.
« De la France avec moi le bon goût avait fui,
« Dit-elle ; après dix ans j'y reviens avec lui :
« Plaignant du fond du cœur ma patrie en délire,
« J'arrive d'Altona pour vous apprendre à lire.
« J'ose même espérer de plus nobles succès ;
« Je voudrais, entre nous, convertir les Français.
« Plus d'un, sans réussir, a tenté l'entreprise ;
« Vous n'aviez point encor des meres de l'église.
« Si la philosophie a pu vous abuser,
« Si des noms trop fameux qu'on voudrait m'opposer
« Forment dans la balance un poids considérable,
« Mes trente in-octavo sont d'un poids admirable:
« Pour faire pénitence il faut les méditer.
« J'aurais bien plus écrit; mais je dois regretter
« Quelques beaux jours perdus loin de mon oratoire;
« C'était un vrai roman; le reste est de l'histoire,

« Et de la sainte encor : vingt ans j'ai combattu
« Pour la religion, les mœurs, et la vertu. »

Peste ! ce ne sont là des matieres frivoles :
Vous n'êtes point, madame, au rang des vierges folles ;
Vous n'avez point caché sous le boisseau jaloux
La flamme dont le ciel fut prodigue envers vous ;
Mais faisant au public partager cette flamme,
Croyez qu'un ton plus doux lui plairait mieux, madame.
Vous êtes sainte ; eh bien ! chaque chose a son tour ;
Soyez sainte, aimez Dieu : c'est encor de l'amour.
Aux jours de son printemps Magdeleine imprudente
Se repentit bientôt, mais ne fut point pédante ;
Quand elle crut, l'amour fit sa crédulité,
Et toujours ce qu'on aime est la divinité.
Voyez Thérese encor : quelle sainte adorable !
Elle aime, elle aime tant qu'elle a pitié du diable,
Et, pour l'époux divin se laissant enflammer,
Plaint jusqu'au malheureux qui ne peut plus aimer.

« Ah ! vous parlez du diable ? il est bien poétique,
« Dit le dévot Chactas, ce sauvage érotique.
« Neptune approche-t-il du grand saint Nicolas ?
« Les trois sœurs de l'amour avaient quelques appas ;
« Ces beautés cependant sont fort loin d'être égales
« Aux trois hautes vertus qu'on dit théologales.
« Trois, c'est peu, j'en conviens ; mais nous avons aussi
« Sept péchés capitaux bien comptés, Dieu merci.

« De la loi des chrétiens ô bonté souveraine !
« Les païens adoraient aux bords de l'Hyppocrene
« Neuf vierges seulement ; nous espérons aux cieux
« En trouver onze mille, et cela vaut bien mieux.
« Rendez le paradis, l'enfer, le purgatoire :
« Voilà le principal ; et, quant à l'accessoire,
« Rendez... à dire vrai c'est le point délicat,
« Quelques brimborions, cure, canonicat,
« Evêché bien renté, bonne et grasse abbaye,
« Dixme... il faut, comme on sait, de tout en poësie.
« Tel est le saint traité qu'on peut faire entre nous ;
« Sans cela je vous quitte, et c'est tant pis pour vous.
« J'irai, je reverrai tes paisibles rivages,
« Riant Meschacébé, permesse des sauvages ;
« J'entendrai les sermons prolixement diserts
« Du bon monsieur Aubry, Massillon des déserts.
« Ô sensible Atala ! tous deux avec ivresse
« Courons goûter encor les plaisirs... de la messe :
« Chantons de Pompignan les cantiques sacrés ;
« Les poëtes chrétiens sont les seuls inspirés.
« Près du *Pange lingua* comme on méprise Horace !
« Près du *Dies iræ* comme Ovide est sans grace !
« Esmenard, par exemple, est un rimeur chrétien.
« Homere seul m'étonne : il fut, dit-on, païen ;
« Que n'a-t-il sur ses pas trouvé quelque bon prêtre !
« Hélas ! monsieur Aubry l'eût converti peut-être.
« Pour vous, Pope, Lucrece, écrivains peu dévots,
« Et vous, mauvais plaisants, poëtes à bons mots,

« Ennuyeux La Fontaine, impertinent Moliere,
« Sec et froid Arioste, insipide Voltaire,
« Les Hurons, gens de goût, ne vous ont jamais lus ;
« Ils m'ont beaucoup formé, je ne vous lirai plus :
« Mais, fille de l'exil, Atala, fille honnête,
« Après messe entendue, en nos saints tête à tête,
« Je prétends chaque jour relire auprès de toi
« Trois modeles divins, la bible, Homere, et moi. »

C'est bien assez de vous ; la bible est inutile,
Homere davantage ; il n'a pas votre style.
Sur-tout de Bernardin copiez mieux les traits ;
Vous ennuyez par fois, et n'instruisez jamais :
Il plaît en instruisant ; son secret est plus rare ;
Il est original, et vous êtes bizarre.

« Soit, répond un quidam ; pour moi je suis abbé ;
« Il s'agit bien de vers et du Meschacébé :
« Laissons tous ces lambeaux d'élégie ou d'éclogue ;
« Je ne connais de vers que ceux du décalogue :
« Au fait, en quatre mots ; payez, si vous croyez ;
« Si vous ne croyez pas, en revanche, payez.
« Vous êtes philosophe ; à vous permis de l'être :
« Mais c'est bien votre faute et non celle du prêtre ;
« Et vous l'en puniriez ? le tour est trop méchant.
« Il est dans saint Ambroise un endroit fort touchant.
« Vous ne refusez rien au défenseur impie
« Qui pour vous aux combats n'expose que sa vie !

« Et le ministre saint, qui, tranquille à l'autel,
« Loin du champ de bataille, invoque en paix le ciel,
« Que lui donnerez-vous ? pas une obole : ah ! traîtres,
« Vous aurez des héros, vous n'aurez plus de prêtres !
« Vous n'avez donc jamais senti la volupté
« Qu'inspire un *Te Deum*, quand il est bien chanté ? »

Le *Te Deum* pourtant ne vaut pas la victoire ;
Mais il faut, selon vous, payer pour ne rien croire ?
Non ; tant cru, tant payé : nul au nom de la loi
Ne peut lever sur tous un impôt pour sa foi.
Ainsi par Jefferson l'heureuse Virginie
Des cultes différents vit régner l'harmonie.
J'entends ; vous maigrissez ; les profits ne vont point :
Lambertini pour moi répondra sur ce point.
On ne vit pas souvent pape de son étoffe,
Pape lettré, malin, voire un peu philosophe :
Fléau de Mahomet, ce prophete imposteur,
D'un chef-d'œuvre naissant il fut le protecteur,
Par respect pour Jésus dont il était vicaire.
Des moines un beau jour vont le trouver : Saint pere,
En notre jeune temps le couvent allait mieux,
Dévotes à foison ; mais nous devenons vieux :
On gèle à la cuisine, on jeûne au réfectoire ;
Pour les rosaires, rien ; rien, pour le purgatoire ;
La messe est au rabais ; nous vendons peu d'agnus :
Quant aux enterrements, hélas ! on ne meurt plus.

Ce disant, ils pleuraient, et montraient leur besace.
Par quelques pieces d'or consolant leur disgrace,
Le pontife narquois rit sous cape, et leur dit:
Pour des moines toscans vous avez peu d'esprit;
Vous vous abandonnez, et Dieu vous abandonne :
Courage ; intriguez-vous ; faites quelque madone.

« Paix là, ne raillez point, s'écrie un court vieillard
« A la voix glapissante, au ton sec et braillard :
« Ne pas croire avec moi des vérités sensibles !
« Moi, le saint pere, et Dieu, nous sommes infaillibles;
« De penser comme moi l'on doit être charmé ;
« D'ailleurs j'ai prouvé tout, c'est-à-dire affirmé
« Dans quinze ou vingt leçons, dans cinq ou six brochures,
« En profond raisonneur, avec beaucoup d'injures.
« Vous doutez, malheureux ! voilà comme on se perd.
« Mais Voltaire, Rousseau, Montesquieu, d'Alembert !
« Quoi ! l'on en parle encore? indociles cervelles:
« Méchants, qui n'aimaient pas les peines éternelles.
« Si j'ai pensé comme eux dans ma jeune saison,
« J'étais comme aujourd'hui certain d'avoir raison :
« Pour eux ils avaient tort, et jusqu'à l'évidence
« J'ai de ces novateurs démontré l'impudence.
« Mais leur philosophie a corrompu les cœurs :
« Un moment ; patience ; ils viendront les vengeurs ;
« Dieu ne laissera plus régner l'esprit immonde :
» Tout est damné, la France, et l'Europe, et le monde:

« Excellente moisson pour les anges maudits !
« Que je sois seulement portier du paradis ;
« Je prétends dire à tous, comme un suisse inflexible,
« Vous venez pour entrer? mais Dieu n'est pas visible ;
« Bon soir; allez rôtir ; c'est pour l'éternité ;
« Le bail est un peu long : j'en suis bien enchanté.
« J'emporterai de plus ma férule, et pour causes ;
« Je prétends avec Dieu causer sur bien des choses,
« Et régenter là haut les habitants du ciel :
« Car je fus ici-bas régent universel,
« Au mercure, au lycée, en pleine académie ;
« Modele en prose, en vers, tout comme en modestie.
« Aimez-vous l'enjouement, les graces, le bon ton?
« Lisez mes deux quatrains sur Voltaire et Tonton.
« Les vers de Colardeau sont doux, mais un peu vuides :
« Voulez-vous des vers pleins ? prenez mes héroïdes.
« Lebrun franchit la lice à bonds précipités ;
« Dans mon lyrique essor je marche à pas comptés.
« Ducis a fait pleurer sur les malheurs d'OEdipe ;
« Barmécide paraît : le chagrin se dissipe ;
« Du parterre dix fois j'ai calmé les douleurs ;
« Nul auditeur ne peut me reprocher ses pleurs.
« Thomas, Garat, Champfort, prosateurs misérables :
« Mes éloges, voilà des écrits admirables ;
« Car j'ai loué par fois ; on peut vanter les gens
« Quand ils sont enterrés au moins depuis cent ans.
« Pour mes contemporains, sans user d'artifice,
« J'ai dit du mal de tous ; car j'aime la justice.

« L'indulgence est un crime, et je suis sans remords:
« Avant Dieu j'ai jugé les vivants et les morts. »

 Il vous en adviendra quelque mésaventure.
O grand Perrin Dandin de la littérature,
De votre tribunal président éternel,
Le public, président du tribunal d'appel,
Par de nouveaux arrêts pourra casser les vôtres,
Et l'on vous jugera, vous qui jugez les autres.
Long-temps, jaloux poëte, aux enfants d'Apollon
Vous avez cru fermer les sentiers d'Hélicon.
Aujourd'hui, nouveau saint, il faut que l'on vous donne
Les clefs du paradis, pour n'ouvrir à personne!
Pierre les gardera, si vous le trouvez bon :
D'un bel ange autrefois l'orgueil fit un démon.
Quel exemple pour vous! Jusque dans la vieillesse
On tient par habitude aux péchés de jeunesse:
Vous fûtes grand pécheur; souvenez-vous-en bien;
Et devenez plus humble afin d'être chrétien.